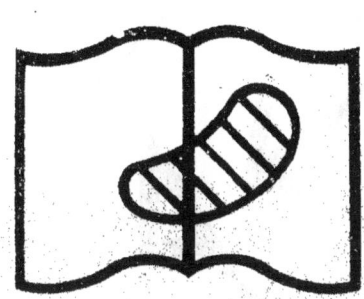

Illisibilité partielle

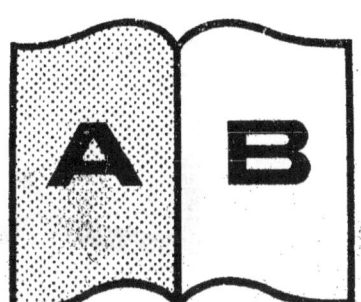

Contraste insuffisant
NF Z 43-120-14

Valable pour tout ou partie
du document reproduit

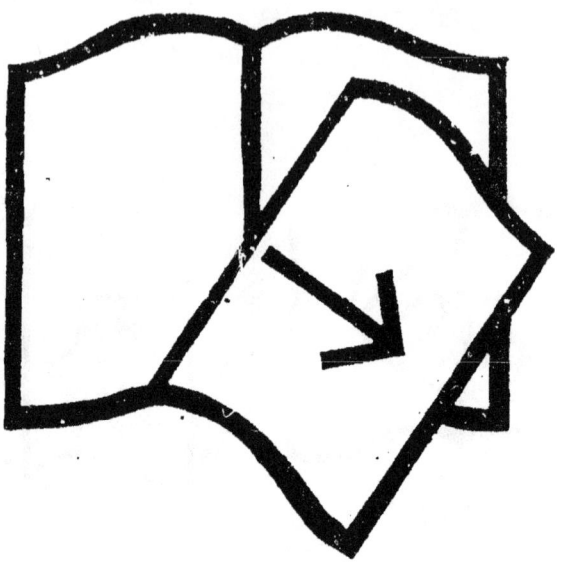

Couverture inférieure manquante

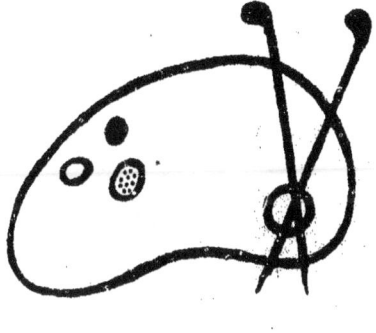

Original en couleur
NF Z 43-120-8

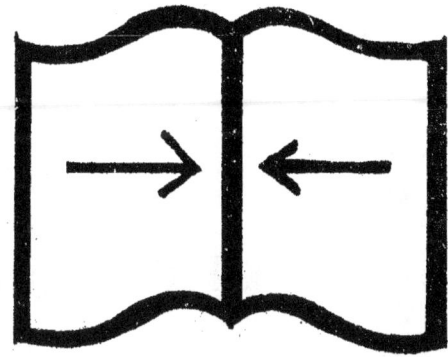

RELIURE SERREE
Absence de marges
intérieures

LETTRES
DE
L'ÉVÊQUE JACQUES AMYOT

PAR

M. Max. QUANTIN

Extrait du *Bulletin de la Société des Sciences historiques et naturelles de l'Yonne*, 2ᵐᵉ semestre 1888.

AUXERRE
IMPRIMERIE ET LITHOGRAPHIE DE GEORGES ROUILLÉ

1889

LETTRES DE L'ÉVÊQUE JACQUES AMYOT

Par Max. QUANTIN.

Nous ne venons pas faire ici la biographie du savant évêque d'Auxerre qui a été si bien et si compendieusement faite par M. de Blignières(1) dans son *Essai sur Amyot*. Nous ne parlerons ni de sa connaissance profonde de l'antiquité, ni de la grâce de son style de traducteur du grec qui a eu une si grande influence sur la formation de notre langue. Il nous suffira de dire quelques mots sur sa vie avant d'entrer dans notre sujet.

J. Amyot est né à Melun dans une humble condition; il put cependant, dès son jeune âge, aller à Paris continuer ses études à peine ébauchées. Ses biographes racontent comment il vivait pauvrement, servant de domestique à quelques écoliers plus fortunés. Sa mère lui envoyait chaque semaine un pain par un batelier de Melun. Accueilli au collége du Cardinal-Lemoine, il

---

(1) En 1860, le 27 mai, la ville de Melun a érigé, à Jacques Amyot, une statue portant cette inscription assez médiocre :

> Enfant d'une famille humble et pauvre,
> Il va chercher la science à Paris.
> Seul et sans appui,
> Sert des écoliers pour vivre et s'instruire;
> Maître ès arts à xix ans,
> Professeur de grec et de latin à l'Université de Bourges.
> Honoré pour ses écrits,
> De l'abbaye de Bellozane par François Ier;
> Précepteur de deux fils de Henri II,
> Grand-aumônier de France, évêque d'Auxerre,
> Commandeur de l'ordre du Saint-Esprit.
> Toujours modeste, retiré, laborieux,
> Bienfaisant et tolérant pour tous.

entreprit surtout d'apprendre la langue grecque enseignée depuis quelque temps par de savants maîtres. François I`er`, qui ne fut pas sans raison appelé le Père des lettres, avait, en 1530, ordonné l'ouverture de cours publics pour l'enseignement des lettres latines et grecques. Amyot porta ses efforts sur ces dernières, et bientôt, à dix-neuf ans, il obtint le grade de maître ès-arts. Ce n'était qu'un premier pas dans la science, et il fallait vivre et trouver une place qui le mît à l'abri du besoin. C'est alors qu'il alla à Bourges étudier le droit civil. Il fut nommé dans cette ville professeur des langues latine et grecque, et fut chargé, comme précepteur, d'élever les neveux de Jacques Colin, abbé de Saint-Ambroise, lecteur ordinaire du roi. Le même personnage lui procura le patronage de la reine Marguerite de Navarre et il fut accueilli par M. de Morvilliers, lieutenant-général du bailliage de Bourges, auquel il demeura toujours attaché.

La réputation d'helléniste d'Amyot, ses traductions grecques et notamment celles des Vies des hommes illustres de Plutarque lui attirèrent la faveur de François I`er` qui en avait lu quelques-unes. Ce prince, voulant l'encourager dans ses travaux, lui conféra le bénéfice en commande de l'abbaye de Bellozane qui était à sa nomination. C'était en 1546.

Amyot, qui avait déjà conquis d'illustres amitiés par son mérite et ses autres qualités, avait suivi à Rome le cardinal de Tournon et continua dans cette ville, séjour des grands érudits dans les lettres antiques, ses études sur les auteurs grecs. De Rome, il alla à Venise et poursuivit ses travaux dans la bibliothèque de Saint-Marc. C'est alors qu'il fut chargé (en 1551), par le cardinal de Tournon et l'ambassadeur du roi à Venise, d'une mission auprès du Concile de Trente, qui consistait en la présentation de lettres du Roi. Il s'en tira d'abord non sans difficulté, comme on le voit dans sa lettre à M. de Morvilliers où il raconte son rôle dans cette grande assemblée dont les membres étaient prévenus contre l'esprit de l'église de France.

A son retour, sa faveur grandit avec le succès qu'il avait obtenu. Il est ensuite choisi (en 1554) comme précepteur du duc d'Orléans et du duc d'Anjou, fils de Henri II, et qui devinrent les rois Charles IX et Henri III. Charles IX monté sur le trône et conservant pour Amyot une affection qui le portait à l'appeler encore son maître, le nomma son grand-aumônier. Il lui donna encore les bénéfices en commande des abbayes des Roches, près Clamecy, et de Saint-Corneille de Compiègne, suivant en cela un abus que le Concordat de 1517 autorisait en faveur des rois de France. Enfin, et c'est par là qu'il se rattache à nous, Amyot obtint du roi, en 1570 (il avait alors cinquante-huit ans), le bénéfice de l'évêché d'Auxerre. Cette fois, il prit ses fonctions au sérieux, tout en demeurant toujours mêlé aux choses de l'esprit et aux affaires du roi par son titre de grand-aumônier.

C'est à partir de cette époque que commence surtout la suite de nos lettres et où J. Amyot se montre tantôt sous l'aspect d'un érudit, comme dans celles au pape Grégoire XIII et au cardinal Alciat, à propos de la réimpression du Décret de Gratien (1573), tantôt fait le portrait gracieux du jeune roi Henri III (1577), ou encore dresse le tableau des ravages des huguenots à travers la France (1589). Ce temps allait encore bientôt après être suivi pour lui d'autres misères, lorsqu'il revint dans sa ville épiscopale après l'assassinat de Henri III, son maître. Il en était resté toujours le fidèle serviteur, ce que les Ligueurs lui imputaient à crime, le menaçant de mort à son retour, et pillant son palais et ses domaines jusqu'à la perte de plus de 50,000 livres. (Lettre du 9 août 1589).

Cependant, ayant fait toutes les soumissions exigées par les Ligueurs, ayant même obtenu de l'official d'être relevé de l'excommunication qu'on prétendait qu'il avait encourue pour avoir continué à communiquer avec Henri III après l'assassinat du duc de Guise, Amyot, qui était vieux, qui avait perdu l'espoir qu'il avait pris après la mort d'Henri III dans le cardinal de Bourbon, mort lui-même en 1590, et qui ne désirait que la paix, passa ses dernières années dans la retraite et mourut pauvre, le 7 février 1593, léguant un dernier témoignage de son affection à ses concitoyens ingrats dans la fondation d'un collége qui est encore aujourd'hui l'honneur de la ville d'Auxerre et qui porte encore son nom.

I.

RECHERCHE DES LETTRES D'AMYOT. — ELLES SONT RARES. — LIEUX OU L'ON EN A TROUVÉ. — LEUR NOMBRE, LEUR ANALYSE ET LEUR TEXTE. — LISTE DES LETTRES SIGNALÉES DANS DES CATALOGUES DE VENTES.

A voir le petit nombre de lettres de J. Amyot que nous avons recueillies, malgré toutes nos recherches et celles de nos amis, on pensera sans doute comme nous que cette espèce de documents est très rare. C'est déjà l'opinion de M. E. du Boys, dans son édition d'une lettre d'Amyot dans le *Bulletin du Bibliophile* de 1887, où il donne la liste des lettres du savant évêque qu'il connaît et que nous n'avons guère accrue. Nous n'avons pas à en rechercher ici les causes. Nous avons donc donné toutes les lettres que la publicité a fait venir au jour, en nous rappelant le but tracé par le premier mot de notre devise : *Colligit*, regrettant encore de ne pouvoir y ajouter celles qui sont signalées dans des catalogues de ventes déjà anciens.

Jacques Amyot à M. de Morvilliers (1), *maître des requêtes.*

Cette lettre est un long historique du rôle qu'Amyot a rempli au Concile de Trente pendant la session du mois de septembre 1551. Il avait été chargé par l'ambassadeur de France à Venise et par le cardinal de Tournon à Rome de porter au Concile des protestations du Roi au sujet de l'autorité prétendue du pape sur le Concile.

Après les cérémonies préliminaires dans la cathédrale, où l'on proclama les trois causes pour lesquelles le concile était assemblé, savoir : l'extirpation des hérésies, la réforme des mœurs des ministres de l'Eglise et le rétablissement de la paix entre les princes chrétiens, on régla la marche des discussions, puis les pouvoirs des ambassadeurs de l'empereur et du roi des Romains furent reconnus.

Mais son embarras fut grand en présentant les lettres uniques du Roi et sans mandat de sa part. Un incident s'éleva d'abord à propos du nom de *Conventus* donné par le Roi au Concile et amena de longues réclamations des évêques espagnols. — Craintes et embarras d'Amyot, qui justifie le roi. — Enfin, après délibération, le promoteur du Concile lui annonce que les lettres du roi seraient lues, mais avec réserves.

Les lettres ouvertes et lues, elles portaient que le roi ne pouvait envoyer les évêques de son royaume au Concile, à cause de la guerre ; puis qu'il priait le Concile d'accueillir favorablement la protestation qu'il lui adressait. Le promoteur répondit à Amyot au nom du Concile :

« Le Concile agrée la modération du roi, mais il ne reconnaît pas votre personne comme ayant qualité légitime ; vous viendrez à la prochaine session, le 11 octobre, où vous recevrez une réponse pour le roi. »

Il avait en vain sollicité le Concile pour obtenir acte de ce qu'il avait fait. La cause de ce refus est parce qu'on attend une réponse de Rome.

---

(1) Jean de Morvilliers, né à Blois en 1507, lieutenant-général au bailliage de Bourges, puis maître des requêtes en 1549, fut envoyé ambassadeur à Venise, et reçut à son retour l'évêché d'Orléans. Il fut nommé chevalier en 1568, et mourut le 23 octobre 1577. (Père Anselme, VI, 490.)

Il a obtenu de l'évêque de Verdun (1), bien affectionné au parti du roi, des détails sur la délibération du concile. Le légat, l'ambassadeur de l'empereur et les principaux personnages voulurent qu'il fût entendu. Le légat, qu'il alla saluer depuis, lui témoigna du déplaisir très grand qu'il éprouvait du différend élevé entre le pape et le roi. Il eut une longue conversation avec lui là-dessus et au sujet de l'obéissance au Saint-Siège et au pape.

Le légat fut très bienveillant pour lui, « mais il est circonvenu par les évêques espagnols », etc.

1er septembre 1551.

Monsieur, (2)

J'avois de tout poinct résolu en moy-mesme de me partir de ce païs à ceste my-septembre pour vous aller trouver, mais l'occasion qui naguères est survenue, m'a contraint de différer un peu mon partement, jusqu'à ce que j'aye des nouvelles de vous. L'occasion est, qu'ayant le Roy envoyé par-deçà une proposition protestatoire, qu'il entendoit estre envoyée aux Prélats qui sont assemblez à Trente pour le Concile, il a pleu à Monsieur le Cardinal de Tournon, et à Monsieur l'Ambassadeur de Selve, de m'élire pour faire cette commission, sans que je pensasse à rien moins qu'à cela ny à chose semblable. Mais pour ce que je n'en ose rendre compte par lettre, comme j'eusse bien voulu à la Cour, mesmes pour ne donner opinion de moy que je me voulusse trop avant faire de feste sans mander. Et pour-ce aussi que je désire en me prouvant à vous autant ou plus qu'à homme que je cognoisse me satisfaire à moy-mesme, je vous en veus bien faire le discours un peu plus au long et par le menu, mais que ne vous ennuye point de la lire : Je fus despeché le 26 d'aoust dernier, et me furent bailliées les lettres missives du Roy qu'il escrivoit aux Prélats du Concile, closes et cachetées, avec la proposition protestatoire, laquelle estoit signée de la main ou du cachet du Roy et de Monsieur le receveur de Sens, avec une courte instruction signée de la main de Monsieur l'Ambassadeur de Selve, dressée sur les doubtes et difficultez que je faisois en cette commission, lesquelles advindrent tout ainsi comme vous entendrez cy-après. Je me party de Venise avec deux notaires apostoliques, tous deux de la maison de Monseigneur le Cardinal ; et en passant par Padoue priay Monsieur de S. Laurens de s'en venir par estat jusques-là avec moy, ce qu'il fit bien volontiers. Nous arrivasmes à Trente un jour et demy avant le jour de l'assignation, qui estoit le premier jour de septembre, auquel avoit esté prorogée et indicte la première session du Concile, à l'ouverture qui en fut faicte au premier jour de may dernier passé. Je désirois fort que l'on ne sceust point ma venuë ny la cause d'icelle, avant que j'eusse fait ce pourquoy j'estois envoyé. Mais la

---

(1) Verdun était alors une des seigneuries du duc de Lorraine.
(2) Publiée dans les Mémoires d'Antoine Vargas, en 1700 ; dans les instructions et missives des rois très chrétiens concernant le Concile de Trente, Paris, 1613, in-12, p. 12 ; et par extraits, *Revue des Questions historiques*, t. VII, p. 49).

première personne que nous trouvasmes à l'entrée de la ville, fut un Gentil-homme de la maison du Cardinal de Trente, qui demanda au premier de nostre compagnie, qui est-ce Gentil-homme? Il luy respondit, que c'estoit un François qui venoit de Padoué: mais l'autre luy répliqua, non, non, c'est celuy qui vient protester au nom du Roy, car nous estions bien advertis qu'il y devoit envoyer; toutes fois ils n'en sçavoient rien sinon par imagination. Je me tins au logis jusqu'à l'heure mesme de l'assignation, à laquelle, après que la Messe eust esté solennellement chantée, je monte en haut chœur de l'église cathédrale de Trente, où estoient tous les Prélats assemblez. Là feis entendre à Monsieur le Légat, par le maistre des cérémonies, qu'il y avoit là un envoyé de par le Roy Très-Chrestien, qui apportoit lettres de sa majesté, addressantes aux Prélats du Concile, et demandoit audience. — Il me feit respondre que j'eusse patience que les cérémonies de la session fussent achevées, et puis que je serois ouy. Les cérémonies furent bien longues: car on y chante la létanie tout du long, et lit-on plusieurs oraisons, comme au jour du Vendredy-Sainct. Après toutes lesquelles, le secrétaire public du Concile prononça et leut une harangue en manière de sermon, laquelle contenoit en somme les causes pour lesquelles estoit assemblé le Concile: et notamment en dict trois causes, l'une pour extirper les hérésies qui estoient en la religion, l'autre pour réformer les mœurs des Ministres de l'Eglise et la tierce pour appaiser les discords et dissentions qui estoient entre les Princes; et ceste dernière cause n'est point dedans la Bulle de l'ouverture du Concile, faicte par le Pape. Ce qui fut la cause pour laquelle je la nottay. Après que le sermon fut achevé il y eut un des evesques, appellé par Monsieur le Légat présidant au dict Concile, qui vint prendre un papier de la main de Monsieur le Légat, et puis monta en la chaire là où l'on lit l'Evangile, et leut ce qui estoit contenu dans ce papier, qui estoit en somme qu'ayant esté faire l'ouverture le premier jour de may, comme il avoit esté indict, la première session en avoit esté différée et prorogée jusqu'à ce jour-là, qui estoit le premier de septembre, pour autant qu'il ne se trouvoit pas lors grand nombre de Prélats pour vacquer à la continuation du dict Concile; et pour ceste mesme cause, ne s'en trouvant encore pas de présent si grande assemblée, comme il seroit bienséant, et veu que tous les jours on attendoit qu'ils deussent venir d'Allemagne, d'Espagne et de Rome, lesquels on espéroit devoir estre bientost en la Compagnie, on prorogeroit encores icelle session jusqu'à quarante jours après, qui sera l'onziesme jour d'octobre prochainement venant; et qu'en icelle pour ce qu'aux dernières sessions on avoit ja traicté des sept Sacremens en général, il seroit traicté et décidé du Sacrement de l'Eucharistie, et quand de la résidence des Prélats, en leurs Eglises, suyvant l'ordre qu'ils establirent dès le commencement du premier Concile, auquel il fut longuement disputé: A sçavoir si l'on devoit commencer premièrement aux mœurs, ou à la doctrine, alléguant les uns que les erreurs de la doctrine estoient principalement procédez du scandale et dissolution des mœurs; et les autres que la doctrine estoi préjudiciable, et que c'estoit ce principalement pourquoy les Conciles s'assembloient ordinairement. En fin fut arresté et résolu, que l'on traicteroit tousjours ensemble un article appartenant à la doctrine, et un appartenant aux mœurs et à la police. Cest escrit ayant esté leu et prononcé par cest évesque, il demanda publicquement : *Placet vobis decretum*, et lors les deux secrétaires allèrent par tous les évesques demandant les suffrages, qui respondirent tous, *Placet*. Après cela furent présentées les lettres patentes de l'Empereur, par lesquelles il auctorisoit ses ambassadeurs qu'il envoyoit pour résider au Concile : l'un est Allemand, qui s'appelle le comte de Montfort, qui est ambassadeur de l'Empereur, comme Empereur, et pour les choses qui concernent les droits et privilèges de l'Empire. L'autre est Espagnol et s'appelle *Dom Franscisco de Toledo*, qui est aussi ambassadeur de l'Empereur : mais c'est comme Roy d'Espagne. Et pour le regard de ses autres terres patrimoniales et chacun d'eux néanmoins *insolidum*. Ce second est homme qui tient de ces commanderies d'Espagne, car ils le nommèrent Prieur, et le premier est de robbe courte. Leurs pouvoirs et leurs facultez me semblèrent fort amples, au moins les patentes furent fort longues à lire. Et après, furent aussi leuës les patentes de l'ambassadeur du Roy des Romains qui s'appelle (ce me semble) *Federico Vaussen, Evesque de Vienne*, qui avoit pareille puissance de son Prince que les premiers. Et après que toutes ces lettres eurent esté leuës de bout en bout, publicquement, responce leur fut faicte, que le Concile remercioit l'Empereur et le Roy des Romains, et avoit pour aggréables telles personnes qu'ils leur envoyoit pour résider ambassadeurs auprès d'eux. Après que toutes ces choses avoient esté ainsi faictes, ce fut à moi à joüer mon roolle, et ne sçavois bonnement que j'estois, ny comment je me devois appeler ausmoins quel tiltre me donner. Car jamais homme ne fut mieus envoyé en matterat désempenné, comme l'on dit, que je fus alors, et ne tint pas à l'avoir bien préveu, ny prédit. Mais ceux qui m'y envoyoient, ny moy, n'en avions nulle faute, ny ne pouvions donner autre ordre. Toutesfois, en effect, je me présentay moy-mesme à Monsieur le Légat séant en sa chaire, ses deux assistants à ses deux costez, les lettres missives du Roy, en luy disant *Reverendissime domine Legate, hæ sunt literæ quas ad vos atque vniversos Patres Concilii causa hic congregatos, mittit rex Christianissimus*. L'on ne faillit pas incontinant à me demander si j'avois d'autre mandat et je dis que je n'avois autre mandat que celles lettres, qui estoient signées de la propre main du Roy, et d'un Secrétaire, et que par la lecture d'icelles ils cognoistroient et entendroient ce que j'estois venu faire. Et à ceste fin les requérois qu'ils voulussent faire ouvrir et lire les dictes lettres publicquement. Le Légat tenant ces lettres en ses mains, dit à ses deux assistars : Ceste superscription monstre que le Roy ne nous mesprise poinct ; et à ma réquisition bailla les lettres au Secrétaire public du Concile pour les lire, lequel commença à lire tout haut la superscription qui estoit telle, *Sanctissimis atque in primis observandis in Christo Patribus conventus Tridentini*. Soudain que ceste superscription eust esté leuë et entenduë des Evesques Espagnols, qui sont en plus grand nombre que les autres, ils commencèrent tous à crier, mesmement un qui s'appelle Auriences, qui fut le premier de tous à lever cette clameur, disant que ces lettres ne s'adressoient point à eux, pour ce qu'ils estoient *Concilium generale et legitimum* et non point *Conventus*. Et à ceste cause ne vouloient point qu'elles fussent ouvertes, ne leuës en publique session. Et disoient aucuns : *Audiat qui volet, ego non audiam*. Les autres disoient, que j'allasse en leurs maisons privées de chacun, et qu'ils m'escouteroient, mais là publiquement et en audience judiciale, non ; et me demandoient à tous coups : *habesne aliud in forma debita mandatum*? Je leur respondois que non, et que sauf leur révérence, ceste diction-là *conventus* ez anciens livres Latins, ne sonne point si mal, comme l'usage ou l'abus des notaires en leurs styles l'avoient depuis rendu odieux. Et que le Roy, mesme en ceste dernière proposion que j'avois à leur lire, appeloit quelquefois cette Assemblée *Concilium*, quelquesfois *Conventus*, quelquefois *Consensus*, et qu'il n'entendoit point aucunement le prendre en mespris, ny contemnement de la compagnie, ainsi qu'ils verroient clairement, s'il leur plaisoit avoir la patience que les lettres missives fussent ouvertes et leuës, et ce que j'avois à leur proposer, fust patiemment ouy. Quelque chose que sceusse dire, ils s'attachoient opiniastrement a ce *Conventus*. Je ne sçay s'ils avoient peur que le Roy les estimast tous moynes ; et disoient, que cela estoit là mis malicieusement ; et y en eut aucuns qui me dirent : *Dic ergo te petere ut legantur sine præjudicio*. Je leur respondois que je n'estois envoyé que pour leur présenter ces lettres de la part du Roy ; et pour leur lire certaine autre proposition que j'avois en ma main, à laquelle je ne pouvois adjouster ny diminuer chose quelconque, et que si je faisois ou disois autre chose de plus, que j'excederois l'ordonnance que l'on m'avoit baillée : et par ce moyen ce que je diroîs ou ferois, viendroit à estre de nulle vigueur ; et que sauf leur correction, ils ne devroient point s'arrêter à une inscription que le Secrétaire avoit faicte ; ainsi qu'elle lui sembloit estre plus latine. Il y eut un docteur espagnol, celuy mesme qui fit la protestation au nom de l'Empereur à Boulongne, qui me dict que ceste diction *Concilium* estoit moins latine que *Conventus*, et en luy alléguant que César appeloit tousjours *Conventus Juridicos*, il m'allégua un d'une espitre de Cicéron où il dit *Venimus non in senatum, sed in conventum senatorum*. Je luy respondis, que cela n'estoit point dit en contumélie ou mespris de ceux qui estoient là assemblez, mais pour monstrer que le tyran César leur avoit osté la liberté et auctorité de sénateurs. Je filois le plus doux que je pouvois, me sentant si mal, et assez pour me faire mettre en prison, si j'eusse un peu trop avant parlé. Mesmement qu'il en avoit un qu'on appelle Sacer, ce me semble, qui me disoit à tous coups *Venisti ergo ut protestareris contra hoc Concilium*? Je ne leur respondois autre chose, sinon qu'il leur pleust de me donner audiance, et qu'ils entendroient ce que j'estois venu faire, et trouveroient toutes choses si sobres, si modérées et si réservées, qu'il ne se repentiroient point de m'avoir ouy : Et afin que vous n'imaginiez point que ce soit si grande chose que vous cuidez à l'aventure, je vous déclare que je ne vous en demande aucune response, ny que cecy soit enregistré en vos registres. Et alors les Présidens me respondirent : *Etiam si non petitis responsionem, nos volumns vobis dare*. Nous fusmes assez bonne pièce à contester ainsi, et moy à prier le plus révéremment que je pouvois, qu'on ne fict pas ce tort au Roy, de ne vouloir point recevoir ses lettres. Car j'avois grand'peur de n'avoir point audience, comme à la vérité je n'eusse point eu, si les Espagnols en eussent esté creuz, qui crioient *Colligantur vota*. Et finablement Monsieur le Légat et les Présidens dirent ; *Eamus in sacristiam et deliberemus inter nos.* Ce qu'ils firent et se retirèrent derrière le grand autel où est la sacristie, et là consultèrent entre eux sur qu'ils avoient à faire, et à me respondre. Et faut noter qu'avec les Evesques entrèrent aussi les deux Ambassadeurs de l'Empereur : et après qu'ils eurent esté en Conseil plus d'une grosse demi-heure, ils retournèrent tous se seoir en leurs sièges, selon leurs rangs, avec leurs myttres et leurs chappes, et me firent faire cette response par le Promoteur du Concile, qui est un honneste homme docteur : *Doctissime vir sacro-sancta Sinodus censuit, regis,* (et faut noter, qu'en ce lieu il dict *Serenissimi*, comme en bégayant, aux autres lieux il dit, *Christianissimi literas sine præjudicio esse legendas, æstimans illam dictionem Conventus in malam partem intelligere quod si aliter intelligeret, prostestatur de nullitate.* Je me contente de cela, sans rien respondre : Et adonc furent ouvertes et leuës les lettres missives du Roy, où estoit encore la mesme superscription, et ne contenoient les lettres en somme sinon une complainte de ce qu'il ne pouvoit envoyer les Evesques de son Royaume à ce Concile pour la guerre, qui injustement lui avoit esté menée. Et premièrement qu'ils voulussent patiemment ouïr une proposition qu'il leur envoyoit, et la prendre en bonne part. Il faut noter que non seulement je n'estois point nommé en ceste lettre, ny près, ny loin, mais qui pis est, on n'en avoit pas seulement envoyé la copie, par laquelle nous peussions sçavoir ce qu'il y avoit dedans. De sorte que je ne veis jamais chose si mal consuë que cela. Les lettres furent leuës, et audience, suivant les pièces du Roy, me fut donnée et leüe de point en point jusqu'à la fin la proposition protestatoire que le Roy avoit envoyée, sans jamais estre interrompuë : et croy qu'il n'y eut personne en toute la compagnie qui en perdist un seul mot s'il n'estoit bien sourd, mesmement aux lieux plus importans, que je leu plus pesamment, à celle fin qu'ils en feussent mieux notez, avec toute telle action comme si je l'eusse estudiée deux mois auparavant par cœur. De sorte que si ma commission ne gisoit qu'à présenter les lettres du Roy, et à faire lecture de la proposition, je pense y avoir amplement satisfaict. Je n'eus pas si tost achevé de lire, que le Promoteur me dict de la part du Concile, telles ou semblables paroles en substance : *Sacro-sancta Synodus gratam habet regis moderationem, quam præ se tulit in suis litteris ; personam vero vestram, nisi quatenus et in quantum legitima est, non acceptat, sed vos monet ut ad diem undecimam octobris hic adsitis ad futuram sessionem, ut accipiatis responsionem, quam literis regis facere prætendit. Notariis autem prohibet ne instrumentum prædictorum omnium nisi conjunctim cum secretario Concilii vobis conficiant.* Et à tant fut finie la session, qu'il estoit bien près de vingt-heures. Depuis, je les ay sollicitez par plusieurs fois de faire, que le Secrétaire du Concile, avec ceux que j'avois menez, me despechassent acte de ce que j'avois fait, pour faire foy de ma diligence envers le Roy, ou à tout le moins qu'ils me baillassent ces paroles qu'ils m'avoient faict prononcer par le Promoteur avec la copie des lettres du Roy : et que *bona fide*, je les ferois insérer dedans l'acte que j'en emporterois ; mais ils n'en ont jamais voulu rien faire. Et la raison est, pour ce qu'ils ne veuillent pas que cest acte vienne en lumière, que la response ne soit quant et quant, laquelle ils attendent qu'on leur envoye de Rome. Et ce voyant, après avoir là séjourné deux jours depuis la session, je m'en suis revenu à Venise, rendre compte de ma négotiation à ceux qui m'y avoient envoyé, et leur présentay la minute que j'avois faicte de l'acte, qu'on a présentement envoyé au Roy. Je ne sçay quelle elle sera trouvée par-de-là, et désirerois singulièrement l'entendre de vous. Or pour sçavoir ce qui avoit esté dit en ceste consultation, quand ils se retirèrent pour me faire responce, je m'en allay le soir veoir l'evesque de Verdun en son logis, qui est à mon advis un très-honnête homme, bien affectionné au party du Roy, et qui se dit serviteur très-obligé de la maison de Guyse, recognoissant mesmement Monsieur le Cardinal de Lorraine pour son souverain maistre et bienfaicteur. Je sçeu de luy que Monsieur le Légat et les assistans, avoient fort tenu la main à ce que je fusse ouy, aussi feit le Cardinal de Trente, aussi firent les deux évesques de l'Empire, l'archevesque de Mayence, et l'évesque de Trèves, ausquels on faict fort grand honneur en ceste assemblée, et précédent touts évesques et archevesques, et mesmement les ambassadeurs de l'Empereur. Et me fut dict, que l'Archevesque de Mayence dict, *si vos non vultis audire literas Regis quomodo audictis protestantes Germanos, qui nos appellant concilium malignantium ?* Et le Comte de Mont-fort Ambassadeur de l'Empereur dit, qu'il protesteroit au nom de son maistre que je fusse ouy, quand on me vouloit dénier (sic) audience ; le Cardinal aussi de Trente en fit grande remonstrance, disant que ce seroit trop irriter un tel prince, de ne vouloir pas non seullement donner audiance à ses ministres, mais encores ne recevoir pas ses lettres. Ledit évesque de Verdun n'est pas allé à Trente de son bon gré, mais se trouvant à la Cour de l'Empereur à Auguste, à sollicister quelque procès qu'il a à l'encontre de certain gentils-hommes siens voisins, qu'il dict occuper quelques choses qui sont de son évesché, Monsieur d'Arras lui commanda, de la part de l'Empereur, qu'estant l'assignation de la session prochaine, il eust à s'y trouver. Je fus aussi depuis saluer Monsieur le Légat, faisant mes excuses de ce que je n'estois point allé avant la session pour ce que j'avois exprès commandement de ne faire poinct entendre la cause de ma venue, jusqu'à l'heure propre de la session. Et ledit sieur me monstra qu'il avoit très-grand desplaisir du différent qui estoit survenu entre le Pape et le Roy, et que pour l'obligation qu'il avoit au Pape, de qui il estoit serviteur, il ne pouvoit faire sinon les choses qu'il voyoit estre utiles pour son service. Et qu'en ce fait-là il estoit forcé de faire contre le Roy ; mais que son affection estoit toujours d'accommoder les affaires et les serviteurs du Roy, en tout et par tout où il pourroit, sa foy sauve. Je lui disois, que veu le lieu qu'il tenoit auprès du Pape et l'opinion que le Pape avoit de luy, il me semble qu'il ne pouvoit avoir personne plus propre à moyenner et accomoder les choses entre eux que luy, qui vouloit bien à l'une et à l'autre partie. Il me respondit qu'il n'avoit point tenu à souvent en escrire au Pape, comme il est vrai : mais que les lettres ne replicquent point, et que s'il eust esté présent à Rome, je pense que les choses ne fussent pas allées si avant qu'elles sont, et que le Pape n'est point de volonté ennemy du Roy, et que qui l'a dit ne l'a pas entendu. Et que le Roy, qui monstre ne se vouloir point départir de l'obéissance du Saint-Siège Apostolique, ne peut par un mesme moyen qu'il ne recognoisse le Pape, qui en est le Chef, et que c'est une mesme et individue chose que le Saint-Siège et le Pape. Je lui dis qu'il me sembloit bien autrement, et qu'il pourroit advenir qu'un Pape fust ou schismatique, ou hérétique ou furieux, est qu'alors on ne pourroit dire que ce fust une mesme chose le Pape et le Saint-Siège. Quand je lui requis qu'il me fît dépescher mon acte par le notaire du Concile avec les miens, ou qu'il me feit bailler les parolles propres qui m'avoient esté respondues par le Promoteur au nom du Concile, il me respondit qu'il ne le sauroit faire lui tout seul, et qu'il failloit qu'ils s'assemblassent là dessus, et s'excusa de ce qu'il ne me faisoit pas les caresses qu'il m'eust bien voulu faire. Ainsi je prins congé de luy en le priant de me tenir pour son serviteur. Ses gens depuis m'ont dit, qu'il disoit tout le bien du monde de moy, mais je ne sçay de quel estomac si m'a-il semblé en tout et par tout affectionné bien fort à nostre part : mais il est assiégé de ces évesques Espagnols, qui sont tousjours à sa table et autour de luy, et espient fort vigilamment toutes ses actions. Et quand à moy, je pense certainement que ceux du Pape désirent plus que nous que ce Concile n'aille point en avant, et qu'ils estoient plus aises que le Roy envoyast protester qu'autrement, pour voir si cela pourroit poinct rompre du tout ou donner quelque bonne entrée à ce Concile. Car un jour m'estant le Promoteur venu voir en mon logis, il me disoit, je ne croy pas que le Roy veuille venir rompre le Concile, par les moyens que disent les malins et les malveillans, qui disent qu'il est mal et indeuëment, transféré de Boulongne à Trente ; et que si comme avec cognoissance de cause il avoit esté renvoyé de Trente à Boulongne, aussi se devroit-il transporter avec mesme cognoissance de cause de Boulongne à Trente : Et que le Roy n'avoit point consenty à ceste seconde translation, il m'estoit advis que c'estoit le langage qu'ils vouloient que nous tinssions nous-mesme. Mais il m'allégua bien un chapitre duquel je n'ay pas noté le commencement qui dict en substance que : *Totius auctoritas transfertur ad maiorem partem, etiam si minor aut noluerit, aut non potuerit comparere*. Et pour ce que les excuses que le Roy alléguoit des guerres, pour lesquelles il ne pourroit envoyer ses évesques au Concile, n'y seroient point vallables ; attendu mesmement qu'il ne failloit point passer par les terres du Pape, pour venir au lieu où estoit indict ce Concile ; et en toute manière qu'il suffisoit *minorem partem non esse contemptam, sed vocatam* ; que le Roy ne peut dire qu'il ait esté contemné. Je respondy que cela, *etiam si noluerit aut non potuerit*, à mon advis s'entendoit *et tacuerit* : Car à ceste heure là *Agitur aut quasi adversus contumacem, aut quasi consentientem*. Mais où il y a ceste cause de protester, et que la protestation s'est faicte, mesmement quand l'empeschement légitime procède de celuy mesmes qui a faict l'indiction, qu'il ne se pourroit dire que ceste protestation fust de nul effet. Voila quasi tout ce que j'ay faict à mon voyage de Trente. Je réserve à vous dire de bouche bien-tost, si Dieu plaist, l'honneur que me fit Monsieur le Cardinal de Trente, et les parolles qu'il me dict, que j'ay rapportées à Monsieur le Cardinal de Tournon et à Monsieur l'Ambassadeur, et croy qu'ils les auront faict entendre au Roy. Et je crains de vous envoyer désormais de trop longue escripture de peu de chose. Mais pour ce que Monsieur le Cardinal a esté d'advis que je différasse mon partement, jusques à ce que la response du Roy fust venuë, sera peine à sçavoir s'il veut que moy ou autre compare à la première session pour avoir la response que le Concile entend faire à ses lettres. Je vous prie Monsieur, solliciter, s'il vous plaist, et si vous en avez le moyen, qu'ils en soient promptement esclaircis, avant que l'hyver, qui est prochain, ne m'ait entièrement serré les chemins. Et si d'aventure il vouloit que j'y retournasse, il me semble qu'il seroit aussi besoing qu'il envoyast quant et quant une ratification de ce que j'ay fait. Mais je croy que le plus à propos pour ses affaires, seroit de n'y envoyer du tout poinct, pour ce que ce seroit comme entrer en contestation et cognoissance de cause, et davantage qu'on luy fera une response qui aura esté forgée par le Pape, *et par dom Diègo, à Rome* ; et de tant plus, mesmement, que j'ay leu n'est point une protestation adressante à ce Concile, mais seulement une notification de celle qu'il a faict faire par Monsieur de Termes, devant le Pape et le Collège des Cardinaux, et n'entend pas bonnement à quelle intention il l'a faict. Je ne m'estendray poinct d'avantage pour ceste heure à vous escrire d'autres nouvelles, craignant vous avoir envoyé de ceste-cy qui ne sont que trop longues, et pour l'espoir aussi et le désir que j'ay de vous voir bientost. Attendant lequel temps je me recommande bien humblement à vostre bonne grâce, et prie Nostre-Seigneur vous donner en santé bonne et longue vie.

De Venise, ce huictiesme jour de septembre 1551.

Vostre très-humble et obéissant serviteur,

JACQUES AMYOT.

Trois lettres de Jacques Amyot au pape Grégoire XIII et au cardinal de Saint-Sixte (Fr. Alciat), à l'occasion de la réimpression, par ordre du pape, du livre du Décret de Gratien (1).

Le *Décret de Gratien* est un recueil de droit canonique formé au milieu du XIIᵉ siècle par un célèbre moine et canoniste italien de ce nom, qui le composa de textes de l'Ecriture sainte, de canons des apôtres et des conciles, des décrétales des papes, etc. La première édition en eut lieu à Strasbourg, 1471, in-f°.

---

(1) Publiées pour la première fois par M. Pierre de Nolhac, à qui nous empruntons cette notice, dans les *Mélanges d'Archéologie et d'Histoire*, Paris, 1885 ; et tirées du *Vaticanus* 4913, de la bibliothèque pontificale.

La réimpression du Recueil, qui devait comprendre tous les nouveaux documents que les recherches des savants auraient fait découvrir et que la commission pontificale, chargée du travail de compilation par Pie V, en 1566, aurait coordonnés, eut lieu par ordre du pape Grégoire XIII, en 1582. Mais auparavant, la commission, qui avait des correspondants dans toute l'Europe et notamment Jacques Amyot en France, rassembla les nombreux matériaux de son œuvre. Le cardinal Fr. Alciat correspondit avec notre évêque désigné par la commission comme l'un des savants qui pouvaient lui être le plus utiles.

« Amyot, dit M. de Nolhac, d'après les lettres du bon évêque, n'est pas le dernier à répondre à l'appel. Cette grande œuvre historique l'intéresse singulièrement ; il prend tout-à-fait au sérieux le rôle qui lui est attribué à la cour pontificale. Il ne se contente pas de fouiller la Bibliothèque royale et les autres grands dépôts de Paris (1) ; il fait imprimer le catalogue des *desiderata* de la Commission tel qu'il l'a reçu de Rome ; il l'envoie dans les provinces afin qu'on recherche les conciles et les collections demandés. Ne recevant pas de réponse de ses correspondants, il fait lui-même le voyage de Beauvais, et dans les archives du chapitre de la cathédrale, au milieu d'un amas de livres poudreux, il découvre un volume des Capitulaires de Charlemagne et quelques autres documents dont il s'empresse d'envoyer la copie au cardinal Alciat.

« Mais hélas ! dit Amyot dans sa lettre du 13 septembre 1573 au cardinal Saint-Sixte, j'ai bien des regrets et je suis honteux de n'avoir pas pu rendre un plus grand service au pape et à vous dans l'exécution de votre projet ; mais la cause en est en grande partie dans les malheurs de notre temps, où la fureur barbare des hérétiques s'étant répandue et s'exerçant encore dans un grand nombre de provinces du royaume, a détruit et brûlé surtout les bibliothèques des églises et en a ôté les meilleures ressources sur lesquelles je comptais. »

Jacques Amyot au pape Grégoire XIII.

Pour répondre aux désirs du pape, Amyot lui écrit qu'il a en vain fouillé les bibliothèques de Paris ; il n'y a trouvé aucun des anciens conciles qui ne fussent déjà publiés dans l'édition de Cologne de 1597. Il n'y a rien non plus de ce genre dans la Bibliothèque royale, excepté les actes du concile de Nicée et d'Ephèse

---

(1) Ces bibliothèques déjà célèbres étaient celles de Saint-Germain-des-Prés, de Saint-Victor, du collège de Navarre et de la Sorbonne.

en grec, mais qui sont publiés. Il n'a pu trouver les actes des conciles célébrés en Gaule. Et pour provoquer les recherches, il a fait imprimer le catalogue qui lui a été envoyé de Rome, et en a adressé des exemplaires dans les pays et les villes où la fureur des hérétiques n'a pas sévi. Mais il n'a pas encore reçu de réponse. Il assure le Saint-Père de tout son zèle, etc.

7 mars 1573.

Sanctissimo ac Beatiss° Patri et Domino D°° Gregorio XIII, Pontifici Maximo.

Post devota beatorum pedum oscula magnum profecto sentire cœperat animus meus lætitiam, Beatissime Pater, quod me non indignum judicassis ad quem ultro literas dares, idoneum que cui aliquid quod ad utilitatem publicam pertineret committeres, propter aliquam, quam de meo studio ac pietate erga catholicam ecclesiam, sedemque istam apostolicam concepisses opinionem. Et si enim benefactorum, beneque cogitatorum in ipso tacitæ conscientiæ sinu, precipuos domini pio fructus esse debet, non poteram tamen non jucundo hilaritatis sensu exilire atque affici cum meam operam animique propensionem calamitosis istis Franciæ nostræ temporibus perspectam, acceptamque esse viderem, et qui Principem dignitatis et auctoritatis locum in ecclesia Dei teneret, et cui propter summam Imperii in me potestatem, actiones omnes meas vehementer probare desiderarem.

Itaque, utprimum mihi litteræ Sanctitatis tuæ redditæ sunt, quod fuit ad decimum januarii, cum essent Romæ datæ ad vigesimum sextum novembris, feci sedulo ut omnes omnium bibliothecas et publicas et privatas excuterem, et si forte aliquid reperire possem quod ad sacros canones emendandos usui esse valeret, adhibitis etiam ad exquisitionem primi nominis theologis nostratibus: sed neque Concilia ulla vetera, neque Decretales summorum Pontificum epistolas adhuc reperire tota urbe potuimus, quæ non essent plenius et emendatius perscriptæ in tomis illis amplissimis Conciliis, qui sunt Coloniæ æditi anno MDLXVII°, sicuti conferendo diligenter ejus argumenti libros manuscriptos qui sunt in bibliothecis Sancti-Victoris, Sancti-Germani, Navarræ et Sorbonæ, cum codicibus impressis experimendo didicimus. Neque est quisquam nostrum theologum aut canonistarum qui vel nomina solum audierit eorum conciliorum quæ tota a vobis desiderantur, nisi quantum in opere sanctionum ecclesiasticarum Joverii quas ille ex collectoribus decretorum Gratiano, Yvone et Burchardo congessit, ea legerunt. In bibliotheca autem Regia nihil ejusmodi scriptorum est præter acta Niceni Concilii primi et Ephesini græco sermone conscripta, sed omni diffusiora et correctiora sunt in libris excusis. Est quidem privatus aliquis qui septimæ Synodi nonnulla acta græco etiam sermone scripta habet, sed meliora omnia in operosis illis Conciliorum voluminibus legentur, quod sane mihi præter expectationem accidit, et grave ac molestum extitit, propterea quod Concilia illa omnia quæ in Gallia certe celebrata fuerant, in illis bibliothecis nullo negotio reperire posse mihi persuaseram et tuæ Sanctitati operam, fidem, industriamque meam probare vehementer cupiebam. Quapropter eum cathalogum, qui mihi Roma missus fuerat, typis excudendum curavi, ejusque varia exempla ad remotiores provintias et urbes, ad quas hæreticorum perduellium furor non persuæsit, idoneis hominibus misi, si forte alicunde adjumenti quidpiam ad id quod agimus nancisci possem. Sed responsi nihil adhuc accepi, quoniam ad ejusmodi scripta, quæ rara sunt conquirenda atque invenienda, et cum inveneris conferenda cum impressis et describenda tempore non modico opus est.

Interim vero, cum pigeret, puderitque tamdiu quærendo moram in conspectu Domini vacuum apparere pauca quædam quæ dum illa investigamus in manus nostras inciderunt excribenda curavi, quæ nunc ad te, Beatissime Pater, perferenda dedi, orans atque obsecrans ne quid in ea re a me cessatum aut minus diligenter curatum esse putes, et quod adhuc præstare potui æqui, bonique consulas, tibique persuadeas nihil mihi antiquius perpetuo fore quam ut æquissimis et sanctissimis mandatis tuis, qua debes pietate, studio atque observantia pareum. Dominus et Deus noster Jesus-Christus te, Beatissime Pater, quam diutissime incolumen sedere faciat ad clavum Ecclesiæ suæ sanctæ.--Lutetiæ Parisiorum Non. Martii 1573.

Sanctitatis vestræ devotissimus servus.

JA. AMYOTUS, ANTISSIODORI EPS.

Au dos est écrit : « Sanctissimo ac beatissimo Patri Domino Gregorio XIII, Pontifici maximo. »

Jacques Amyot au cardinal de Saint-Sixte (*Fr. Alciat*),

Il l'entretient des recherches infructueuses qu'il a faites dans les bibliothèques publiques pour satisfaire aux désirs de S. S. au sujet des manuscrits des anciens conciles, des décretales des papes, etc. Il a envoyé de divers côtés dans les maisons religieuses qui n'ont pas été dévastées depuis douze ans « par le débordement des cruels barbares », mais il n'a encore rien reçu en réponse. En attendant, il lui envoie deux épitres d'Innocent II et trente canons du concile célébré par ce pape en Gaule, à Reims ou à Clermont.

Item les actes du concile de Reims vers l'an 909. — Les très vieux canons du concile d'Angers. — Deux sessions du concile de Limoges sous Henri Ier. — Un traité de la Prédestination et de la prescience divine annexé aux actes du concile de Valence tenu sous le roi Lothaire. — Un traité du libre arbitre. — Suit enfin un recueil de dix petits traités dont les titres sont relatés dans sa lettre. Amyot la termine en faisant hommage à « la noble bibliothèque du Vatican » de ceux de ces documents qu'il envoie, si elle ne les possède pas.

7 mars 1573.

Illustrissimo ac Reverendissimo Dno Domino Cli S. Sixti.

Scrutatus sum diligenter quod ejus fieri potuit omnes bibliothecas publicas ac privatas quæ in hac civitate sunt, si forte aliquid eorum librorum de quibus ad me Sanctissimus D. N. scripsit invenire possem, sed cum ejus argumenti codices manuscriptos in quibus antiqua Concilia et Decretales Summorum Pontificum epistolæ continentur, aut collectanea atque excerpta conciliorum comparem cum impressis libris, præsertim cum operosis illis tomis conciliorum qui Coloniæ æditi sunt anno Domini MDLXIIo. Comperiebam omnia in illis et pleniora esse et emendatiora quam in istis, et certe Joverius theologus qui opus suum de sanctionibus ecclesiasticis in hac urbe ante annos quindecim consarcinavit et foras dedit, si quid tale in bibliothecis quæ patent omnibus reperire potuisset nunquam prætermisisset. In Bibliotheca autem Regis et Reginæ inveniuntur quidem acta primæ Nicenæ Synodi et Ephesinæ græco sermone conscripta, sed pauciora et minus correcta, quam quæ typis excusa in manibus hominum versantur quod sane sicut nobis præter expectationem accidit. Ita non mediocriter displicuit, molestumque extitit. Sperabam enim concilia illa vetera, præsertim quæ in Gallia celebrata essent, facile apud nos posse reperiri et Sanctissimo Domino Nostro in re adeo utili et honesta parere atque obsequi valde cupiebam. Verum, prima illa spe destitutus, ad secundam quasi navigationem me converti : cathalogum enim illum, qui Roma mihi missus fuerat, typis excudendum curavi, ejusque exempla ad complures earum urbium quæ in potestate hæreticorum non fuerunt misi, idoneisque hominibus scripsi, ut si quid ejus generis scriptorum apud se haberent, quamprimum ad nos mitterent. Nam reliquis in civitatibus et passim per agros ecclesiastica omnia ædificia, scripta et instrumenta ab eluvione immanium istorum barbarorum his annis duodecim pari crudelitate atque ignorantia vastata, deleata et perdita fuisse apud nos, non ignorabis ; sed ad ea investiganda et cum inveneris conferenda, cum impressis codicibus, et postea describenda non modico temporis spatio opus est ; verum, cum nulla ex parte responsi quicquam adhuc acciperem, mihique vehementer displicerit et turpe videretur, multum in quærendo temporis, operæque trivisse et ad ultimum etiam vacuum abire pauca quædam non absimilis argumenti, quæ mihi illa quærenti quæ vos desideratis in manus venerunt describenda putavi, ut si id quod a me peteretur, non possem, certe aliquid præstarem ac mitterem.

Mitto ergo, ad vos duas epistolas Innocentii secundi et canones triginta concilii ab eo in Gallia celebrati, quo loco incertum mihi est, sed Remis et Claromonte duas Synodos habuisse legitur ; item Concilium provintiale est Hervæo Remensi archiepiscopo et comprovintialibus ejus episcopis, circa annum nogentesimum nonum (1), Canones Concilii cujusdam Andegavensis pervetusti ; item Sessiones duas Lemovicensis Concilii imper-

---

(1) On trouve dans l'index des livres consultés, en tête de l'édition du Décret de 1582, la mention suivante : *Remense concilium in pago Trosleiano habitum missum ab episcopo Antissiodorensi.*

factas, sub Henrico primo Francorum rege coacti. Præterea tractatum quemdam de prædestinatione et præscientia Dei, quem reperimus adjunctum Concilio Valentino Galliæ, quod sub rege Lothario celebratum est, nomine Lugdunensis ecclesiæ scriptum, qui quia mihi pius et doctus visus est eodem tempore et eadem de re scriptus et contra eundem hæreticum Joannem Monachum qui in eo Concilio damnatus est, visus mihi est non indignus qui velut appendix illius concilii mitteretur. Sunt et alii duo minores tractatus de libertate humani arbitrii, qui si iste placuerit mitti etiam posthac poterunt.

Quod ad Isodori opera attinet, decretum ipsius habemus, sed ad verbum plane descriptum est in primo tomo Conciliorum Coloniensium.

Præterea opusculum cujus hæc sunt capita : De contemptoribus mundi ; De sanctis qui se a consortio mundi separaverunt ; De perceptis altioribus monachorum ; De professione monachi ; De monachis quis curis seculi occupantur ; De his qui mundi amore præpediuntur ; Laus psalmorum (ego eum librum impressum esse non puto) ; De natura rerum ; De norma vivendi ; Item tractatum qui incipit « duobus modis peccatum committitur. »

Si quid ex his in nobilissima atque instructissima illa Vaticana bibliotheca non habetur et a vobis desideratur, certiorem me facite ego vobis describendum ; cum his quæ in diem ad me adferentur, mittendumque quam celerrime potero, curabo, neque quicquam prætermittam, quod ad fidem, observantiamque S^{mo} D. N. præstandam pertinere intelligam. — Bene Valete.

Lutetiæ Parisiorum, Non. martii.

Dominationis vestræ Ill^{me} ac R^{me} observantiss.

JA. AMYOTUS, ANTISSIODORENSIS EPS.

En P.-S. — Invenimus etiam volumen satis magnum Epistolarum Clementis quinti, si vobis usui esse possit ; sed posterior est Gratiano et omnibus Decretorum collectoribus.

Au dos est écrit : « Illustriss. ac Rev^{mo} D. Domino Car^{li} S. Sixti Domino meo, observantissimus. »

Jacques Amyot au cardinal de Saint-Sixte.

Il explique son long retard de ne pas lui avoir répondu, sur ce qu'il n'a rien reçu sur la question de la correction de Gratien. Ennuyé de la négligence de ses correspondants, il est allé lui-même à Beauvais, où il a trouvé dans la cathédrale, parmi un tas de vieux livres, les Capitulaires de Charlemagne réunis par Anségise et autres, avec divers recueils. Les six premiers livres étant imprimés, il a fait copier les autres et les lui enverra.

Il lui signale ensuite le *libellus* de Paschase, abbé de Corbie, *de veritate corporis Dei*, et d'autres opuscules du même auteur déjà imprimés ; les décrets d'Eugène III, etc.

15 septembre 1573.

Illustriss. ac. Revmo D. Do Carlli Sti Sixti, Domino meo, observantissimus.

Cum diu frustra expectassemus ut ab hiis, ad quos indicem scriptorum quæ ad emendationem Gratiani a vobis desiderantur dedissemus, aliquid ad nos mitteretur, nihilque quod ad rem certe faceret a quoquam responderetur, aut præstaretur, tandem pertæsi longam adeo moram, hominumque ignaviam, Bellovacum ipse profecti sumus, ibique ad ecclesiam majorem, in magno acervo veterum librorum Capitularium (ut vocant) Caroli-Magni ab Ansegiso abbate et aliis nonnullis collectorum, cum aliis quibusdam opusculis invenimus, ejusque describendi cum nobis a canonicis copia liberaliter facta esset, *sex primos libros qui formis imprimi reperiebantur transcribere supervacaneum nobis visum est. Cæteros autem quales erant exscribendos curavimus, quos nunc una cum sex primis impressis si forte ad id quod agitis usui esse possint, mittimus* (1).

Libellum etiam Pascasi, abbatis Corbiensis « de Veritate Corporis Domini » et alia quædam aliorum, et ipsius opuscula pluribus jam locis excusa, si forte istic non reperiantur, adjungenda duximus, quoniam in posterioribus vestris litteris diserte de eo libro scriptum erat. Decreta, vero, Eugenii tertii quæ una mittimus ex vetere libro descripta, Contius jurisconsultus, ipse nobis in manu dedit, asseverans nihil aliud Eugenii penes se habere, nec unquam habuisse, seque existimare illud esse quod Eugenii synodus vocatur, can. II, ext. de Judiciis. Domi quidem se Biturigibus habere alia quædam, quæ huic instituto non inutilia fore judicaret, eaque se lubenter esse nobis communicaturum; quæ si ad nos mittentur, curabo sedulo, ut cito ad vos perferantur.

Piget, pudetque profecto nos, Rmo Domine, quod meliorem, plenioremque operam navare Santmo D. N. et vobis, in honestissimo et utilissimo proposito non possumus; sed ejus magna ex parte causa est temporum nostrorum calamitas et barbarus hæreticorum furor in multis adhuc, hodieque Regni hujus provincis perseverans, qui bibliothæcas omnes præsertim ecclesiasticas subvertit, diripuit, incendit et perdidit, nobisque facultatem præripuit, majora, sicut valde optabamus præstandi, si quid tamen, in diem ejus argumenti, posthac in manus nostras acciderit, nobis non deerimus. Interimque Illmam atque Rmam D. Vestram, etiam atque etiam rogamus, ut quod possumus boni, æquique consulatis, nosque de eo S. S. aut excusetis, aut etiam commendetis. — Bene Valete.

Lutætiæ, Prid. id. septembris MDLXXIII, vestræ Illustrissimæ ac Reverandissimæ Dominationi devotissimus atque addictissimus.

JA. AMYOTUS, ANTISSIODORI EPS.

Au dos : Illmo ac Rmo D. Carlli Sti Sixti, Domino meo observantissimus (2).

(1) Dans l'index cité plus haut on lit : *Capitularium liber VII et Capitularia adjecta, missa a Jacobo Amioto, episcopo Antissiodorensi, ex bibliotheca ecclesiæ Belvacensis... Fulberti, episcopi epistola, ex vetusto codice ecclesiæ Belvacensis, a Jacobo Amyoto episcopo Antissiod.*

Baluze, dans la préface des Capitulaires, mentionne aussi cet envoi d'Amyot.

(2) *Vaticanus*, 4913, fol. 75 à 79. Endossée : *Parigi, del vescovo Antissiodorense di 12 di settembre, ricevuta a... d'ottobre.*

Jacques Amyot à Pontus de Thiard (1), *seigneur de Bissy, depuis évêque de Châlon.*

Jacques Amyot le félicite de la démonstration qu'il a faite au Roi de la constitution et mouvement du ciel. Il lui fait remarquer, à ce propos, l'intelligence du roi et son aptitude à apprendre qu'il a connue dès son enfance et qui annonçait qu'il serait un savant homme s'il avait continué à étudier. — Grand service à rendre à la patrie de continuer à enrichir ce noble esprit !

Doléances sur l'état malheureux du royaume à cause des troubles.

Les courses que font les huguenots jusqu'en deça de Poitiers l'empêcheront d'aller trouver le Roi tant qu'il sera en Guyenne.

Il lui annonce cependant qu'il a l'intention de commencer ses visites pastorales, si la campagne est vidée des gens de guerre qui la couvrent.

« On se prépare à faire vendange qui ne sera pas grosse du reste de la coulure et de la grêle. »

Auxerre, 12 septembre 1577.

Monsieur de Bissy, je fus bien aise l'aultre jour que je receu vostre lettre du 27 d'aoust, d'entendre l'honeste occupation que prent le Roy de vous ouyr discourir de la constitution et mouvement du ciel, et que vous aiez trouvé par expérience ce qu'aultrefois je vous en avois dit touchant la capacité de son entendement, laquelle il tient du Roy Françoys, son grand-père ; désireux d'apprendre et entendre toutes choses hautes et grandes. J'ay eu l'honneur de luy avoir monstré les premières lettres, mais je ne manié jamais esprit d'enfant qui me semblast plus propre subject pour en faire quelque jour un bien sçavant homme, s'il eust continué en la façon d'estudier que je luy avois commancée, car oultre les parties de l'entendement qu'il a telles que l'on les sçauroit désirer, il a la patience d'ouyr, de lire et d'escrire, ce que son grand-père n'avoit pas. C'est à mon avis le plus méritoire service que l'on pourroit faire à Dieu premièrement, à sa patrie et à tous ceulx qui ont à vivre soubs sa puissance et protection, que d'estudier à enrichir ce noble esprit de toutes sciences honnestes et vertueuses, et dignes du lieu auquel Nostre-Seigneur l'a colloqué, afin qu'il soit de tant plus apte désormais à manier ses affaires luy-mesme, et qu'il ne voye ny n'oye plus par les yeux et oreilles d'aultruy, car aiant ainsy l'entendement exercité à voir toutes choses dignes de luy, il apprendra à commander luy-mesme et estre Roy, non pas à régner à l'appétit d'aultruy, et lhors (alors) ses subjects à l'essay

---

(1) Pontus de Thiard, né vers 1521, évêque de Châlon, fut un des poëtes de la pléiade de Ronsard. Député aux États de Blois en 1588, il resta fidèle à l'autorité royale, et la défendit contre la Ligue après la mort de Henri III. Il est mort en 1605.

esprouveront le dire véritable de celuy qui promettoit que les peuples seront heureux quand les princes et roys philosopheront ou que les philosophes règneront.

Dieu nous fasse la grâce de l'expérimenter en ce pauvre royaume grandement affligé véritablement, mais qui ne fut advis si près d'estre en bon asseuré repos pour long temps depuis que ces troubles et brigandages intestins y ont commancé, c'est-à-dire depuis dix-huict ou vingt ans, qu'il est maintenant, pourveu que l'haleine ne nous faille au point où elle se devroit renforcer, afin d'estre une bonne fois délivré à pur et à plein des causes qui nourrissent le mal, et qui luy tiennent sa couronne en compromis. J'ai entendu, par ceulx qui vont et viennent à la court, que les chemins y sont fort dangereux pour les courses grandes que font les Huguenots jusques en deçà de Poitiers, bien loing sur la France ; qu'ils ont en certaines maisons des gentils-hommes de leur faction qui les retrayent pour participer au butin de leur brigandage. Cela me gardera d'aller trouver Sa Majesté tant qu'il sera en Guyenne, me sentant désormais trop pesant pour me sauver sur ma mule, à la course, si j'étois poursuivy, mesmement si la guerre prent traict. Et cependant je mettray peine de faire un peu d'ombre d'évesque veillant sur mon trouppeau, où je me prépare pour à ceste Saint-Remy commancer à faire ma visitation, au moins si la campagne peust estre deschargée et vuide de gens de guerre, qui maintenant en est toute couverte ; et ce pendant employant mon étude pour ce peu que j'en puis faire, aux sainctes lettres, comme l'eage et le devoir le me commande. Je serai bien aise, s'il vous plaist en prendre la peine, d'avoir quelquefois de vos bonnes nouvelles de pardeçà, je ne vous en sçaurois mander de meilleures, sinon qu'on y vit grâces à Dieu en bonne patience, et que l'on se prépare à faire vendanges où l'on ne sera pas fort empesché à recueillir le reste de la couleure et de la gresle.

Priant le Créateur qu'il vous doint,

Monsieur, en santé longue et heureuse vie, et me recommandant bien affectueusement à vostre bonne grâce.

Et pour ce que j'ay entendu que Monsieur le Grand-Prévost est aussi à la court, je désire, s'il vous plaist, estre aussy recommandé à sa bonne grâce.

C'est d'Auxerre, ce douziesme septembre 1577.

Vous ne trouverez pas mauvais si ceste lettre est de long intervalle après la vostre, car c'est cas d'adventure quand il se trouve quelqu'un qui aille d'icy à la court, et me fault ordinairement envoyer mes lettres Paris pour de là les faire tenir en court.

Votre bon et humble amy,
JA. AMYOT, E. d'Auxerre.

(Pièce publiée par M. Abel Jeandel dans son volume intitulé : *Pontus de Thyard*, seigneur de Bissy, depuis évêque de Châlon. Paris, 1860, p. 174).

L'original appartient aujourd'hui à M. Alfred Morisson, qui en a publié une magnifique reproduction dans son catalogue *of the collection of autograph letters*, t. 1, planche 5. (Note Delisle).

J. Amyot à M. Gassot (1), conseiller du roi et secrétaire de ses finances à Paris.

Il lui annonce son prochain voyage à Paris où il ira le voir. Il a reçu de mauvaises nouvelles de sa pauvre ville d'Auxerre où la peste sévit.

Sans date, vers 1585.

Monsieur Gassot, je vous envoye ce laquais expressément pour vous prier de ne prendre pas la peine de venir icy, pour ce voiage, parce que demain je seray empesché avec mes ouvriers à tous plein de brouilleries de mesnage, et je me délibère de partir lundy de bon matin, d'aller disner à Paris où j'espère vous veoir, si vous y estes toujours. J'ay receu de mauvaises nouvelles de nostre pauvre ville d'Auxerre, là où depuis mon partement la peste s'est embrazée à bon esciant. Le nom de Dieu en soit beneist, auquel je prie de vous avoir, vous et vostre famille, en sa sainte protection.

De Vaujous (2) ce samedi bien tard.

Vostre bon et entier amy,
JA. AMYOT, E. d'Auxerre.

(Archives du château de Dames (Cher), à M. le comte A. de la Guère).

J. Amyot au roi Henri III.

Le lieutenant-général Germain Leclerc étant en danger de mort, l'évêque recommande au Roi, pour lui succéder, Mᵉ Henri Leclerc (3), procureur du Roi, fameux avocat, et d'une des meilleures et des plus anciennes familles de la ville. Il lui fait remarquer « que ce n'est pas sa coustume ».

8ᵉ aoust 1586.

Syre, le lieutenant-général du bailly d'Auxerre, maistre Germain Leclerc, eagé de soixante et dix ans se treuve attaint d'une flebvre chaude si aspre que les médecins n'ont pas opinion qu'il la puisse porter deux fois vingt et quatre heures (4), au grand regret de tous les gens de bien de ceste ville ; et pour ce que c'est chose qui appartient grandement à l'honneur de Dieu, au bien de vostre service et repos de ce pays qu'il y ait toujours en cest estat personnage qui soit doué des qualitez du

---

(1) Jacques Gassot, écuyer, seigneur de Deffens, secrétaire du roi, général de ses finances, et maître d'hôtel du duc d'Alençon. Il fut envoyé à Constantinople, à Jérusalem et en Perse pour des missions d'Etat, dont il a écrit la relation. Il fut maire de Bourges en 1575 et 1576. Son mariage avec la petite nièce de M. de Morvilliers, évêque d'Orléans, ami d'Amyot, explique ses relations avec ce dernier. Jacques Gassot est mort en 1585. Les Gassot étaient une famille de robe importante du Berry.

(2) Aujourd'hui Vaujours (Seine-et-Oise)?

(3) Ce Leclerc est la souche des Leclerc de Buffon.

(4) Les prévisions des médecins étaient justes, car Germain Leclerc mourut deux jours après la lettre d'Amyot, le 10 août 1586.

pauvre mourant, c'est à dire homme de bien, de sçavoir et expérience en l'estat de judicature, et surtout qui n'ait jamais branlé en la religion catholique, j'ay pris la hardyesse de vous recommander le présent porteur maistre Henry Leclerc 1), ne congnoissant homme dans tout le pays qui ait les susdittes parties plus apparentes que luy, qui est propre nepveu du prédécesseur, de l'une des meilleures et plus anciennes familles de la ville, exerceant l'estat de procureur du Roy il y a ja plus de dix ans, et avant qu'il en fust prouveu encore, estoit-il l'un des plus fameux advocats du barreau. J'ay pensé que vous ne trouveriez pas mauvais, veu le lieu que je tiens en ceste province, que je m'entremeisse de prouver qu'il y ait de bons, loyaux et fideles ministres en l'exercice de la justice. C'est pourquoy plus asseuréement je vous ay faict la présente, qui n'est pas ma coustume, pour vous supplier très humblement qu'il vous plaise ordonner que le dit Henry Leclerc vostre procureur au bailliage d'Auxerre sera préféré à tout aultre en la provision de lieutenant-général, en faisant vostre condition pareille et fournissant telle finance que la nécessité de voz affaires le requerra pour un tel office, me constituant envers vostre majesté plege et caution de ses mœurs, sens, doctrine, suffisance et relligion, et suppliant la bonté du Créateur de vous donner, Syre, en toute prospérité très longue et très heureuse vie.

D'Auxerre, le 8 aoust 1586.

Vostre très humble et très obéissant serviteur,

JA. AMYOT, E. d'Auxerre, vostre grand aumosnier (2).

L'adresse porte sur le repli : *Au Roy*.

J. Amyot au duc du Nivernois (3).

L'évêque prie le duc de ne pas tracasser les habitants de Varzy au sujet des corvées qu'il leur réclame, attendu qu'ils ont toujours appartenu au gouvernement de Bourgogne. Il se plaint de la ruine lamentable dans laquelle il est tombé, et des dangers qu'il a courus et court encore de la part des habitants d'Auxerre, pour avoir été au service du roi Henri III.

Auxerre, 9 août 1589.

Monseigneur,

Ceulx de Varzy sont venus ce matin chez moy m'advertir de la sommation que vous leur avez faitte de s'unir à vostre gouvernement de Niver-

---

(1) Henri Leclerc, fils de Pierre Leclerc, procureur et notaire au bailliage, et de Chrestienne Fauleau, procureur du Roi de 1576 à 1586, succéda à son oncle Germain par provisions du 10 décembre 1586, il siégea au moins jusqu'en 1606.

Voyez dans Lebeuf, *Mémoires sur l'Histoire d'Auxerre*, t. II, le récit du rôle important que joua Henri Leclerc pendant la Ligue, pour la pacification de la ville d'Auxerre, et par son zèle pour le roi.

(2) Cette lettre est en partie reproduite en fac-simile lithographié dans l'*Isographie* au mot AMYOT.

(3) Publiée dans A. de Blignières, *Essai sur Amyot, etc.*, Paris, Durand, 1851, in-8, p. 343.

nois. C'est chose qui ne dépend pas de leur volonté parce que de toute ancienneté et oultre la mémoire des vivants, ilz ont tousjours appartenu au gouvernement de Bourgogne. Et depuis dix-neuf ans que je suis évesque d'Auxerre, j'ay tousjours veu que les courvées pour le service des Roys leur ont tousjours esté commandées de la part des gouverneurs de Bourgogne, mesmement du temps de feu Monsieur d'Aumale (1) ; et disent avoir des pièces justificatives entre les mains de leur procureur Rougeault, par lesquelles ilz le vous peuvent clairement faire apparoir, s'il vous plaist leur bailler temps et loysir d'envoyer à Paris les quérir pour vous en éclaircir. Et si pourrez recepvoir d'eux et de leurs moiens, de gré et amytié, autant de commoditez comme de vos bons et obéissants voisins, comme vous feriez de force et de commandement, quand vous les auriez subjuguez par la violence de vos armes et artillerie : ce qui ne se pourroit faire sans hazard et beaucoup de sang respandu d'une part et d'aultre, avec bien peu ou point du tout de fondement légitime ; en quoi il iroit grandement de vostre conscience, car ilz ne vous ont point meffaict ny donné aucune occasion de leur commancer la guerre, ains au contraire j'ai veu que quand Monsieur de Champlemies a voulu faire quelque chose pour vostre service et leur a requis de l'assister, ilz se sont mis en touz les debvoirs qu'ilz ont peu de lui donner contentement. Et quand vous les forceriez de vous consentir ce que vous leur demandez aujourd'huy, demain le premier gouverneur du duché de Bourgogne qui viendroit, avec raison les contraindroit de faire le contraire.

C'est pourquoi je vous supplie très humblement de les vouloir lesser en repos, et ne travailler ces pauvres gens de choses qu'ilz ne vous doibvent de droict et de justice. Car oultre les aultres justes consydérations, je suis celuy qui y ay le principal intérest, estant la meilleure partie de mon revenu en ceste chastellenie, dont je suis seigneur comme évesque (2), me trouvant pour le présent le plus affligé, détruict et ruyné pauvre presbtre qui soit, comme je crois en la France. Car depuis six mois que je lessay le pauvre misérable feu Roy à Bloys, il n'y a passé sepmaine ny presque journée qui ne m'ait apporté quelque nouvelle amertume, perte et ruine ; ayant esté partout pillé, vollé et saccagé en toutes mes maisons et tous mes biens, jusques à la perte de plus de cinquante mille livres, oultre le danger de ma personne, m'aïant esté la pistole (3) plusieurs fois présentée sur l'estomac, et les ordinaires indignitez et oppressions que je reçoy journellement de ceulx d'Aucerre, le tout pour avoir esté officier et serviteur du Roy ; estant demouré nud et despouillé de tous moiens, de manière que je ne sçay plus de quel bois, comme l'on dict, faire flesches,

(1) Claude, duc d'Aumale, fils du premier duc de Guise, tué au siège de La Rochelle en 1573.

(2) Varzy, chef-lieu de canton du departement de la Nièvre, terre donnée à son église par saint Germain au ve siècle.

(3) Voir dans Lebeuf, Mémoires, t. II, p. 635, 636, la relation des mauvais traitements auxquels J. Amyot fut exposé de la part des Ligueurs, à l'excitation de Claude Trahy, gardien des Cordeliers. Il rapporte des extraits de la lettre d'Amyot.

aïant vendu jusques à mes chevaux pour vivre; et pour accomplissement de tout malheur ceste prodigieuse et monstrueuse mort estant survenue (1) me fait désormais avoir regret à ma vie. Il se présente assez de grandes occasions maintenant pour augmenter vostre grandeur en faisant service à Dieu et à la manutention de la saincte religion catholique, sans employer vostre tems et vos moïens à si basses et si petites choses ; qui me fera prier dévotement le Créateur de vous inspirer de plus grandes et plus généreuses entreprises, et le servir de vostre valeur à la tuition (2) de la saincte Eglise catholique, en vous baisant très humblement les mains.

Escrit d'Auxerre, ce 9 aoust 1586.

Votre bien humble serviteur,

JA. AMYOT, E. d'Auxerre.

(Bibliot. nat., fonds Béthune, n° 8923, p. 129).

Jacques Amyot au duc du Nivernois (3).

Il n'a jamais douté de son dévouement pour la religion catholique ; il regarde le roi de Navarre comme la ruine de l'Eglise, s'il n'y est pourvu par la bonté divine. Il ne voit que dans l'union des catholiques le moyen de conserver la couronne de France en son entier. Il désespère de revoir le cardinal de Bourbon qui a été emmené à La Rochelle, mais il compte sur d'autres de la même maison « qui n'ont pas pas fléchi le genou devant Baal ».

Il attend de l'évêque de Senlis des détails sur les derniers moments du feu roi ; il est en un lieu (à Auxerre) où c'est un grand crime d'en parler sinon en le détestant.

Auxerre, 17 août 1589.

Monseigneur,

Je n'ai jamais doubté de la sincérité de vostre affection envers la religion catholique, mais encore ay-je esté bien aise d'en voir une naïfve déclaration dans la lettre qu'il vous a pleu m'escrire du jour d'hier. Vostre prudence juge très bien que l'establissement de celui qui se maintient pour ce jourd'huy roy de France (4) est la ruine de l'Eglise catholique, s'il n'y est prouveu par la bonté et miséricorde de nostre Dieu ; et croy qu'il n'y a point de moïen humain plus certain, sinon que tous ceulx qui sont unys en la profession de la religion catholique, et par conséquence en la voulonté de conserver la couronne de France en son entier, convinssent tous ensemble à l'encontre de celuy qui en procure la

---

(1) J. Amyot fait allusion à la mort de Henri III, assassiné par Jacques Clément, le 1er août 1589.

(2) Protection et défense.

(3) Publiée dans A. de Blignières, *Essai sur Amyot*, etc., Paris, Durand, 1851, in-8, p. 347.

(4) Henri IV.

division et la ruine. Car, si les forces de tous les catholiques unies ensemble n'y peuvent rien faire, beaucoup moins le pourront-elles quand elles seront séparées, et n'y a en cela respect de parenté ny considération de mérite particulier qui doive empescher ce qui appartient à l'honneur de Dieu.

Mon advis a toujours esté que ceulx que l'on appelle associez avec les hærétiques, sont envers Dieu en pire condition que les hærétiques mesmes, d'autant que les hærétiques faillent par erreur, prenant le faulx pour le vray, encore que ceste erreur-là joincte avec pertinacité, soit damnable et non pas excusable ; mais les associez pèchent de certaine et propensée malice, et commettent l'espèce de péché contre le Saint-Esprit que l'on appelle en l'escole *impugnatio agnita veritatis* (1). L'espérance qui nous commençoit à rire pour la déclaration de Monseigneur le cardinal de Bourbon nous a bientôt destituez, puisqu'ainsy est qu'il ait esté emmené à La Rochelle (2), car il est certain que nous ne le verrons jamais ; et toutes fois il y en a d'aultres de la mesme maison qui n'ont jamais fléchi le genouil devant Baal (3). Nous expérimentons tous les jours qu'il n'y a estat pire que celuy où personne ne commande souverainement ; car il n'y a point de justice universelle, sans laquelle un estat ne peut longuement subsister.

J'ay escript à Monseigneur l'Evesque de Senlis (4) estant à Paris, qu'il m'escrive des derniers propos et comportements du feu pauvre misérable Roy, s'il a eu bonne repentance à sa fin et s'il a esté réconcilié à l'Eglise par confession et absolution sacramentale, que tout presbtre à ceste extrémité luy a peu conférer. Mais nous avons si difficilement nouvelles de Paris et encore plus de la court, que je n'en puis rien promettre. Et si vous, Monseigneur, en aviez entendu quelques particularitez, et il vous pleust commander à l'un de vos secretaires de m'en faire participant, ce me seroit une grande consolation, pour ce que je suis icy en lieu où c'est un grand crime d'en parler sinon en détestation, et où l'on calomnie et prend-on en mauvaise part tous mes propos et toutes mes actions pour avoir eu accès auprès de luy.

Je ne vous sçaurois assez humblement remercier pour la promesse qu'il vous plaist me faire d'avoir en recommandation singulière ce qui m'appartient et qui vous est recommandé de ma part. Ce me sera tant plus d'obligation de prier Nostre-Seigneur journellement pour la conservation et augmentation de vostre Grandeur, de laquelle je baise très humblement les mains.

D'Auxerre, ce 17 aoust 1589.

De Vostre Excellence le très humble serviteur et orateur,

JA. AMYOT, E. d'Auxerre.

(Bibl. nat., fonds Béthune, n° 8923 p. 132).

(1) Attaque de la vérité en connaissance de cause.
(2) Le cardinal de Bourbon proclamé roi rous le nom de Charles X par le Conseil de l'*Union*. Il fut bientôt arrêté par ordre du roi de Navarre, et conduit à La Rochelle où il mourut un an après, le 5 mai 1590.
(3) Amyot fait allusion aux autres princes de la maison de Bourbon qui étaient restés catholiques.
(4) Il s'agit de l'évêque Rose, aumônier de Henri III, et ardent ligueur.

II.

APPENDICE.

Nous joindrons à la suite des lettres d'Amyot la liste de celles qui nous ont été signalées par notre savant ami M. Delisle, comme ayant paru dans des ventes d'autographes déjà anciennes.

Lettre du 6 novembre 1565. — Catalogue de la vente Dolomieu, du 15 mars 1843, n° 10.

Lettre du 22 octobre 1582 à M. de Luxembourg, duc d'Epinay.— Catalogue de la vente Gottlieb W. (pseudonyme de Libri), sous le n° 276.

Lettre faisant partie de la collection Gui Morgan Smith. — Vendue à Londres le 9 juillet 1849.

Délivrance de prisonniers à Metz par J. Amyot, grand-aumônier.

J. Amyot, grand-aumônier de France, délivre les prisonniers par ordre du Roi à sa première entrée à Metz, le 25 février 1569. Les magistrats messins protestent contre cet acte de souveraineté, alléguant que même les empereurs d'Allemagne ne se l'étaient jamais arrogé ; et on dresse, le 5 mars suivant, un acte de *non préjudice* dont il n'est resté que le protocole.

25 février 1569.

« Nous, Jacques Amyot, abbé de Saint-Corneille de Compiègne, conseiller de S. M. et grand-aumônier de France, assisté MM... et de Jacques Viart, aussi conseiller d'icelle et président en la ville de Metz, le 25 février 1569, le Roy faisant sa nouvelle entrée en la ville de Metz, en faveur de laquelle nous ayant commandé de délivrer les prisonniers qui se trouveroient en prison dudit lieu, selon qu'il est accoustumé en toutes nouvelles entrées des villes de son obéissance... »

(Extr. des *Mém. de Craye*, avocat au parlement de Metz, Mémoires lus à la Sorbonne en 1865, p. 277.)

www.ingramcontent.com/pod-product-compliance
Lightning Source LLC
Chambersburg PA
CBHW060616050426
42451CB00012B/2284